The Sunflowers: Short Stories in French for Beginners

Artici Bilingual Books

Published by Artici Bilingual Books, 2024.

While every precaution has been taken in the preparation of this book, the publisher assumes no responsibility for errors or omissions, or for damages resulting from the use of the information contained herein.

THE SUNFLOWERS: SHORT STORIES IN FRENCH FOR BEGINNERS

First edition. April 20, 2024.

ISBN: 979-8224948031

Written by Artici Bilingual Books.

Table of Contents

Léonie

Dans un charmant village niché au cœur des collines verdoyantes de France, vivait une jeune fille nommée Léonie. Elle habitait dans une petite maisonnette avec sa grand-mère, Madame Dupont. Leur maison était ornée de fleurs colorées qui fleurissaient dans le jardin, ajoutant du charme à leur humble demeure.

Léonie était une âme curieuse, toujours désireuse d'explorer les merveilles qui l'entouraient. Chaque matin, elle se réveillait avec le soleil et s'aventurait dans les bois, son endroit préféré pour errer. Parmi les arbres imposants et les oiseaux qui chantaient, elle ressentait un sentiment d'appartenance qu'elle ne trouvait nulle part ailleurs.

Un jour, en se promenant dans la forêt, Léonie découvrit un sentier caché, voilé par des buissons envahissants. Intriguée, elle suivit le chemin sinueux jusqu'à ce qu'elle atteigne une clairière baignée de lumière. Au centre se dressait un chêne ancien, ses branches s'étirant vers le ciel comme des bras tendus.

En s'approchant de l'arbre, Léonie remarqua une sculpture particulière gravée dans son tronc : un cœur entrelacé d'initiales. Intriguée, elle parcourut les lettres du bout des doigts : L + M. À qui pouvaient-elles appartenir ? se demanda-t-elle.

Perdue dans ses pensées, Léonie ne remarqua pas la silhouette qui émergeait de derrière le chêne jusqu'à ce qu'il parle.

"Bonjour, mademoiselle," salua le jeune homme avec un sourire chaleureux. Il avait les cheveux bruns ébouriffés et des yeux aussi bleus que le ciel d'été.

Léonie rougit, sentant un battement dans sa poitrine à sa vue. "Bonjour," répondit-elle timidement.

Le jeune homme se présenta comme Marc, un voyageur traversant le village. Il lui raconta des récits de ses aventures à travers des contrées lointaines, la captivant avec chaque mot. Léonie, à son tour, partagea des histoires les siennes, tissant des fantaisies de forêts enchantées et de créatures mythiques.

Alors que le soleil commençait à se coucher, Marc lui dit au revoir, promettant de revenir le lendemain. Léonie le regarda disparaître dans les bois, son cœur se sentant plus léger qu'avant.

Les jours se transformèrent en semaines, et Léonie attendait avec impatience les visites de Marc, chérissant leur nouvelle amitié. Ils explorèrent la forêt ensemble, découvrant des trésors cachés et partageant des éclats de rire en chemin.

Mais à mesure que l'été laissa place à l'automne, les visites de Marc se firent plus rares, jusqu'au jour où il ne revint plus du tout. Léonie ne pouvait se défaire du sentiment de vide qui s'installait dans sa poitrine, comme une fleur fanée désirant le soleil.

Déterminée à trouver des réponses, Léonie se rendit au village, cherchant quiconque pourrait connaître le sort de Marc. Mais personne ne l'avait vu depuis ce jour fatidique dans la forêt.

Désespérée et découragée, Léonie rentra chez elle, où sa grand-mère l'attendait avec un sourire compatissant.

"Chère Léonie," dit doucement Madame Dupont, "parfois, le cœur nous guide sur un chemin semé d'embûches. Bien que cela puisse être douloureux, nous devons faire confiance à sa sagesse et avoir foi que nos chemins se croiseront à nouveau."

Avec les paroles de sa grand-mère résonnant dans son esprit, Léonie trouva du réconfort dans les souvenirs qu'elle partageait avec Marc, nourrissant l'espoir de leur réunion.

L'hiver arriva, enveloppant le village dans un manteau étincelant de neige. Malgré le froid, Léonie continua d'explorer la forêt, son esprit indompté par l'air glacial.

Un jour, alors qu'elle errait dans les bois, elle découvrit une vue familière – le chêne ancien, se dressant haut et fier au milieu du paysage hivernal. Mais cette fois, quelque chose était différent.

Gravées dans le tronc, sous le cœur et les initiales, se trouvaient de nouveaux mots :

"Je reviendrai, mon amour."

Des larmes montèrent aux yeux de Léonie en lisant le message – la promesse de retour de Marc.

Avec un nouvel espoir dans son cœur, Léonie savait que leur histoire était loin d'être terminée. Et alors qu'elle se tenait sous les branches enneigées du chêne, elle murmura un vœu silencieux de l'attendre, peu importe le temps que cela prendrait.

Car dans la forêt de ses rêves, l'amour trouverait toujours un moyen d'éclore, comme une fleur délicate au soleil printanier. Et Léonie serait là, prête à l'accueillir à bras ouverts.

Léonie

In a quaint village nestled amidst the rolling hills of France, there lived a young girl named Léonie. She lived in a small cottage with her grandmother, Madame Dupont. Their cottage was adorned with colorful flowers that bloomed in the garden, adding charm to their humble abode.

Léonie was a curious soul, always eager to explore the wonders that surrounded her. Every morning, she would wake up with the sun and venture into the woods, her favorite place to wander. Among the towering trees and chirping birds, she felt a sense of belonging that she couldn't find elsewhere.

One day, while strolling through the forest, Léonie stumbled upon a hidden path veiled by overgrown bushes. Intrigued, she followed the winding trail until she reached a clearing bathed in sunlight. In the center stood an ancient oak tree, its branches stretching towards the sky like outstretched arms.

As she approached the tree, Léonie noticed a peculiar carving etched into its trunk—a heart intertwined with initials. Curiosity piqued, she traced the letters with her fingertips: L + M. Who could they belong to? she wondered.

Lost in her thoughts, Léonie didn't notice the figure emerging from behind the oak until he spoke.

"Bonjour, mademoiselle," the young man greeted her with a warm smile. He had tousled brown hair and eyes as blue as the summer sky.

Léonie blushed, feeling a flutter in her chest at the sight of him. "Bonjour," she replied shyly.

The young man introduced himself as Marc, a traveler passing through the village. He regaled her with tales of his adventures across distant lands, captivating her with each word. Léonie, in turn, shared stories of her own, weaving fantasies of enchanted forests and mythical creatures.

As the sun began to set, Marc bid her farewell, promising to return the next day. Léonie watched him disappear into the woods, her heart feeling lighter than before.

Days turned into weeks, and Léonie eagerly awaited Marc's visits, cherishing their newfound friendship. They explored the forest together, discovering hidden gems and sharing laughter along the way.

But as summer faded into autumn, Marc's visits grew fewer, until one day, he didn't return at all. Léonie couldn't shake the feeling of emptiness that settled in her chest, like a wilted flower longing for the sun.

Determined to find answers, Léonie ventured into the village, seeking out anyone who might know of Marc's whereabouts. But no one had seen him since that fateful day in the forest.

Desperate and disheartened, Léonie returned home, where her grandmother awaited with a sympathetic smile.

"Chère Léonie," Madame Dupont said gently, "sometimes, the heart leads us on a journey filled with twists and turns. Though it may be painful, we must trust in its wisdom and have faith that our paths will cross again."

With her grandmother's words echoing in her mind, Léonie found solace in the memories she shared with Marc, holding onto hope for their reunion.

Winter arrived, blanketing the village in a glistening coat of snow. Despite the cold, Léonie continued to explore the forest, her spirit undeterred by the frosty air.

One day, as she wandered through the woods, she stumbled upon a familiar sight—the ancient oak tree, standing tall and proud amidst the winter landscape. But this time, something was different.

Carved into the trunk, beneath the heart and initials, were new words: "Je reviendrai, mon amour."

Tears welled up in Léonie's eyes as she read the message—Marc's promise to return.

With renewed hope in her heart, Léonie knew that their story was far from over. And as she stood beneath the snow-covered branches of the oak tree, she whispered a silent vow to wait for him, no matter how long it took.

For in the forest of her dreams, love would always find a way to bloom, like a delicate flower in the springtime sun. And Léonie would be there, ready to embrace it with open arms.

Les Tournesols

Dans un village pittoresque au cœur de la France, vivait une femme au cœur généreux nommée Sophie. Elle résidait dans une maisonnette confortable entourée de champs de blé doré et de tournesols vibrants qui ondulaient doucement dans la brise chaude.

Les journées de Sophie étaient remplies de plaisirs simples. Chaque matin, elle se réveillait au chant joyeux des oiseaux et aux doux rayons du soleil qui pénétraient par sa fenêtre. Après le petit-déjeuner, elle s'occupait de son jardin, prenant soin des fleurs colorées qui apportaient de la joie à son âme.

Un après-midi ensoleillé, alors que Sophie arrosait ses tournesols, elle remarqua une vue singulière - un petit livre usé gisant au milieu des hautes tiges. Curieuse, elle le ramassa et en dépoussiéra la couverture pour en révéler le contenu.

À sa grande surprise, le livre était rempli de croquis de tournesols, chacun plus beau que le précédent. À côté des dessins se trouvaient des notes manuscrites, décrivant l'admiration de l'artiste pour ces fleurs radieuses.

Intriguée par le mystère de l'origine du livre, Sophie décida de se lancer dans une quête pour découvrir l'identité du talentueux artiste. Armée de sa curiosité et d'un panier de pain fraîchement cuit, elle se rendit chez ses voisins du village.

Sa première halte fut chez Monsieur Leclerc, le vieux boulanger réputé pour ses délicieuses pâtisseries et son tempérament amical. En entrant dans sa boulangerie, l'arôme du pain fraîchement cuit enveloppa ses sens, la remplissant de chaleur.

"Bonjour, Monsieur Leclerc!" salua Sophie avec un sourire. "J'espère que vous passez une bonne journée."

Monsieur Leclerc lui sourit, les yeux pétillants de joie. "Ah, Sophie, c'est toujours un plaisir de te voir! Que puis-je faire pour toi aujourd'hui?"

"J'ai trouvé ce livre dans mon jardin, rempli de croquis de tournesols," expliqua Sophie, lui montrant le livre usé. "J'essaie de découvrir qui pourrait être l'artiste. Reconnaissez-vous ces dessins?"

Monsieur Leclerc examina les croquis avec intérêt, se frottant pensivement le menton. "Ah, ces tournesols sont vraiment magnifiques! Malheureusement, je ne connais pas l'artiste, mais peut-être que Madame Dubois, la fleuriste, en saura plus."

Remerciant Monsieur Leclerc pour son aide, Sophie lui dit au revoir et se dirigea vers la boutique de fleurs de Madame Dubois, une charmante petite devanture ornée de bouquets de fleurs colorées.

"Bonjour, Madame Dubois!" salua Sophie avec un sourire. "J'espère que vous passez une merveilleuse journée."

Madame Dubois lui rendit son sourire, les yeux pétillants de curiosité. "Ah, Sophie, quelle agréable surprise! Comment puis-je vous aider aujourd'hui?"

"J'ai découvert ce livre dans mon jardin, rempli de croquis de tournesols," expliqua Sophie, lui montrant les pages usées. "J'essaie de découvrir qui pourrait être l'artiste. Reconnaissez-vous ces dessins?"

Madame Dubois étudia les croquis avec intérêt, ses doigts suivant les lignes délicates. "Ces tournesols sont vraiment exquis! Bien que je ne connaisse pas l'artiste personnellement, je me souviens avoir entendu parler d'un peintre talentueux qui vivait autrefois dans notre village. Peut-être que Monsieur Durand, le bibliothécaire, pourrait fournir plus d'informations."

Reconnaissante pour l'aide de Madame Dubois, Sophie la remercia et se dirigea vers la bibliothèque du village, un bâtiment pittoresque orné de murs couverts de lierre et d'une enseigne indiquant : "Bibliothèque de Villeneuve."

À l'intérieur, Sophie trouva Monsieur Durand, le bibliothécaire du village, plongé dans un livre derrière le bureau d'accueil. Il leva les yeux lorsqu'elle entra, ses yeux s'illuminant de curiosité.

"Bonjour, Monsieur Durand!" salua Sophie avec un sourire. "J'espère que vous passez une bonne journée."

Monsieur Durand lui rendit son sourire chaleureusement. "Ah, Sophie, toujours un plaisir de te voir! Comment puis-je vous aider aujourd'hui?"

"J'ai découvert ce livre dans mon jardin, rempli de croquis de tournesols," expliqua Sophie, lui montrant les pages usées. "J'essaie de découvrir qui pourrait être l'artiste. Reconnaissez-vous ces dessins?"

Monsieur Durand examina les croquis avec intérêt, acquiesçant pensivement. "Ces tournesols sont vraiment remarquables! Bien que je ne connaisse pas l'artiste, je me souviens avoir lu à propos d'un peintre qui vivait autrefois dans notre village. Peut-être que Monsieur Dupont, l'historien, peut éclaircir ce mystère."

Remerciant Monsieur Durand pour son aide, Sophie se rendit chez Monsieur Dupont, une maisonnette pittoresque nichée à la périphérie du village. Elle frappa à la porte, son cœur battant d'anticipation.

Monsieur Dupont l'accueillit avec un sourire chaleureux, l'invitant à l'intérieur de sa maison confortable. "Ah, Sophie, quelle agréable surprise! Allez, entrez et mettez-vous à l'aise. Comment puis-je vous aider aujourd'hui?"

"J'ai découvert ce livre dans mon jardin, rempli de croquis de tournesols," expliqua Sophie, lui montrant les pages usées. "J'essaie de découvrir qui pourrait être l'artiste. Reconnaissez-vous ces dessins?"

Monsieur Dupont étudia les croquis avec intérêt, fronçant les sourcils de concentration. "Ces tournesols sont vraiment remarquables! Bien que je ne connaisse pas l'artiste moi-même, je me souviens avoir entendu des histoires à propos d'un peintre reclus qui vivait autrefois dans notre village. On dit qu'il avait un profond amour pour les tournesols et qu'il disparaissait souvent dans les champs pour les peindre en secret."

Le cœur de Sophie palpita d'excitation à l'idée de découvrir l'identité du mystérieux artiste. "Savez-vous où je pourrais le trouver?" demanda-t-elle avec empressement.

Monsieur Dupont sourit avec bienveillance. "Je crois qu'il réside dans une maisonnette au fin fond de la campagne, entourée de champs de tournesols. Si vous suivez le chemin au-delà du village, vous êtes sûre de le trouver là-bas."

Remerciant Monsieur Dupont pour son aide, Sophie lui dit au revoir et se mit en route pour trouver le peintre reclus. Alors qu'elle marchait le long du chemin sinueux, entourée de champs de blé doré et de tournesols vibrants, son cœur débordait d'anticipation.

Finalement, elle arriva à la maisonnette du peintre - un petit refuge niché au milieu d'une mer de tournesols. Frappant à la porte, elle attendit anxieusement une réponse.

À sa grande surprise, la porte s'ouvrit en grinçant, révélant un vieil homme bienveillant aux yeux pétillants. "Bonjour, mademoiselle," la salua-t-il avec un sourire. "Comment puis-je vous aider aujourd'hui?"

"J'ai trouvé ce livre dans mon jardin, rempli de croquis de tournesols," expliqua Sophie, lui montrant les pages usées. "Je crois que vous pourriez être l'artiste. Est-ce que ces dessins sont les vôtres?"

Les yeux du vieil homme s'élargirent de surprise alors qu'il examinait les croquis. "Ah, ces tournesols me rappellent ma jeunesse," dit-il avec nostalgie. "Oui, mademoiselle, je suis l'artiste. Je m'appelle Jacques."

Des larmes montèrent aux yeux de Sophie lorsqu'elle réalisa qu'elle avait enfin trouvé le mystérieux peintre. "Vos dessins sont vraiment magnifiques, Jacques," dit-elle doucement. "Merci de me les avoir partagés."

Jacques sourit chaleureusement, les yeux pétillants de gratitude. "C'était un plaisir, mademoiselle. Allez, entrez et laissez-moi vous raconter l'histoire derrière ces tournesols."

Et alors que Sophie pénétrait dans la maisonnette de Jacques, entourée par la beauté de ses œuvres d'art et la chaleur de sa présence, elle savait qu'elle avait découvert un trésor bien plus grand qu'elle n'aurait pu l'imaginer - une amitié aussi intemporelle et durable que les tournesols qui fleurissaient dans les champs.

The Sunflowers

In a picturesque village in the heart of France, there lived a kind-hearted woman named Sophie. She lived in a cozy cottage surrounded by fields of golden wheat and vibrant sunflowers that swayed gently in the warm breeze.

Sophie's days were filled with simple pleasures. Each morning, she would wake up to the cheerful chirping of birds and the soft rays of the sun streaming through her window. After breakfast, she would tend to her garden, nurturing the colorful blooms that brought joy to her soul.

One sunny afternoon, as Sophie was watering her sunflowers, she noticed a peculiar sight—a small, tattered book lying amidst the tall stalks. Curious, she picked it up and brushed off the dirt to reveal its contents.

To her surprise, the book was filled with sketches of sunflowers, each one more beautiful than the last. Alongside the drawings were handwritten notes, detailing the artist's admiration for these radiant flowers.

Intrigued by the mystery of the book's origin, Sophie decided to embark on a quest to uncover the identity of the talented artist. Armed with her curiosity and a basket of freshly baked bread, she set off to visit her neighbors in the village.

Her first stop was Monsieur Leclerc, the elderly baker known for his delicious pastries and friendly demeanor. As Sophie entered his bakery, the aroma of freshly baked bread enveloped her senses, filling her with warmth.

"Bonjour, Monsieur Leclerc!" Sophie greeted him with a smile. "I hope you're having a lovely day."

Monsieur Leclerc beamed at her, his eyes twinkling with delight. "Ah, Sophie, it's always a pleasure to see you! What brings you here today?"

"I found this book in my garden, filled with sketches of sunflowers," Sophie explained, showing him the tattered book. "I'm trying to discover who the artist might be. Do you recognize these drawings?"

Monsieur Leclerc examined the sketches with interest, stroking his chin thoughtfully. "Ah, these sunflowers are truly magnificent! Unfortunately, I'm not familiar with the artist, but perhaps Madame Dubois, the florist, might know more."

Thanking Monsieur Leclerc for his help, Sophie bid him farewell and made her way to Madame Dubois's flower shop, a charming little storefront adorned with bouquets of colorful blooms.

"Bonjour, Madame Dubois!" Sophie greeted her with a smile. "I hope you're having a wonderful day."

Madame Dubois returned her smile, her eyes twinkling with curiosity. "Ah, Sophie, what a pleasant surprise! How may I assist you today?"

"I discovered this book in my garden, filled with sketches of sunflowers," Sophie explained, showing her the tattered pages. "I'm trying to find out who the artist might be. Do you recognize these drawings?"

Madame Dubois studied the sketches with interest, her fingers tracing the delicate lines. "These sunflowers are truly exquisite! While I don't know the artist personally, I recall hearing about a talented painter who once lived in our village. Perhaps Monsieur Durand, the librarian, can provide more information."

Grateful for Madame Dubois's assistance, Sophie thanked her and headed to the village library, a quaint building adorned with ivy-covered walls and a sign that read: "Bibliothèque de Villeneuve."

Inside, Sophie found Monsieur Durand, the village librarian, engrossed in a book behind the front desk. He looked up as she entered, his eyes lighting up with curiosity.

"Bonjour, Monsieur Durand!" Sophie greeted him with a smile. "I hope you're having a lovely day."

Monsieur Durand returned her smile warmly. "Ah, Sophie, always a pleasure to see you! How may I assist you today?"

"I discovered this book in my garden, filled with sketches of sunflowers," Sophie explained, showing him the tattered pages. "I'm trying to find out who the artist might be. Do you recognize these drawings?"

Monsieur Durand examined the sketches with interest, nodding thoughtfully. "These sunflowers are truly remarkable! While I'm not familiar with the artist, I do recall reading about a painter who once lived in our village. Perhaps Monsieur Dupont, the historian, can shed some light on this mystery."

Thanking Monsieur Durand for his help, Sophie made her way to Monsieur Dupont's house, a quaint cottage nestled on the outskirts of the village. She knocked on the door, her heart pounding with anticipation.

Monsieur Dupont greeted her with a warm smile, inviting her inside his cozy home. "Ah, Sophie, what a pleasant surprise! Please, come in and make yourself comfortable. How may I assist you today?"

"I discovered this book in my garden, filled with sketches of sunflowers," Sophie explained, showing him the tattered pages. "I'm trying to find out who the artist might be. Do you recognize these drawings?"

Monsieur Dupont studied the sketches with interest, his brow furrowing in concentration. "These sunflowers are truly remarkable! While I'm not familiar with the artist myself, I do recall hearing stories about a reclusive painter who once lived in our village. They say he had a deep love for sunflowers and would often disappear into the fields to paint them in secret."

Sophie's heart fluttered with excitement at the thought of discovering the identity of the mysterious artist. "Do you know where I might find him?" she asked eagerly.

Monsieur Dupont smiled knowingly. "I believe he resides in a cottage deep in the countryside, surrounded by fields of sunflowers. If you follow the path beyond the village, you're sure to find him there."

Thanking Monsieur Dupont for his help, Sophie bid him farewell and set off on her journey to find the reclusive painter. As she walked along the winding path, surrounded by fields of golden wheat and vibrant sunflowers, her heart swelled with anticipation.

Finally, she reached the painter's cottage—a quaint little abode nestled amidst a sea of sunflowers. Knocking on the door, she waited anxiously for a response.

To her surprise, the door creaked open, revealing a kindly old man with a twinkle in his eye. "Bonjour, mademoiselle," he greeted her with a smile. "How may I assist you today?"

"I found this book in my garden, filled with sketches of sunflowers," Sophie explained, showing him the tattered pages. "I believe you may be the artist. Are these your drawings?"

The old man's eyes widened in surprise as he examined the sketches. "Ah, these sunflowers bring back memories of my youth," he said wistfully. "Yes, mademoiselle, I am the artist. My name is Jacques."

Tears welled up in Sophie's eyes as she realized she had finally found the mysterious painter. "Your drawings are truly beautiful, Jacques," she said softly. "Thank you for sharing them with me."

Jacques smiled warmly, his eyes twinkling with gratitude. "It was my pleasure, mademoiselle. Please, come inside and let me tell you the story behind these sunflowers."

And as Sophie stepped into Jacques's cottage, surrounded by the beauty of his artwork and the warmth of his presence, she knew that she had uncovered a treasure far greater than she could have ever imagined—a friendship as timeless and enduring as the sunflowers that bloomed in the fields.

Onze heures

L'horloge sonna onze heures, son carillon résonnant dans les rues tranquilles de Paris. Dans un appartement douillet niché au fond d'une ruelle pavée, Marie était assise près de la fenêtre, ses pensées dérivant comme des volutes de fumée dans la nuit.

Dehors, la ville scintillait sous la douce lueur des réverbères, projetant de longues ombres sur le trottoir en dessous. Le parfum du pain fraîchement cuit flottait dans l'air, se mêlant au doux murmure des voitures qui passaient.

Marie observait les couples se promener main dans la main, leur rire dansant sur la brise. Elle enviait leur attitude insouciante, leurs cœurs délestés du poids de la solitude.

Pour Marie, la nuit était un moment d'introspection, une occasion de méditer sur les mystères de la vie et les secrets de l'univers. Elle se retrouvait souvent perdue dans le labyrinthe de ses pensées, cherchant des réponses qui semblaient toujours hors de portée.

Alors que l'horloge continuait à égrener les minutes, l'esprit de Marie vagabondait vers les souvenirs des jours passés. Elle se rappelait le rire de son enfance, la chaleur de l'étreinte de sa mère et le parfum de la fumée de pipe de son père flottant dans l'air.

Mais ces jours étaient révolus, perdus dans les brumes du temps comme des rêves oubliés. Maintenant, Marie se retrouvait seule au monde, à la dérive dans un océan d'incertitude.

Elle aspirait à la compagnie, à quelqu'un avec qui partager ses espoirs et ses peurs, ses triomphes et ses chagrins. Mais malgré tous ses efforts, elle ne parvenait pas à combler le gouffre qui la séparait du reste de l'humanité.

Et ainsi, elle restait une observatrice silencieuse, regardant le monde passer depuis la solitude de son perchoir près de la fenêtre. Elle s'émerveillait devant la beauté de la lune alors qu'elle projetait son éclat argenté sur les toits, illuminant la ville de sa lumière éthérée.

Mais même la lune, avec toute sa splendeur, semblait lointaine et inaccessible, une énigme céleste hors de portée des mains mortelles.

Alors que l'horloge sonnait minuit, Marie ressentit un sentiment de résignation l'envahir comme une marée. Un autre jour était passé, sans la rapprocher des réponses qu'elle cherchait.

Mais tandis qu'elle contemplait la nuit, un faible espoir vacilla dans son cœur. Peut-être, pensa-t-elle, la clé pour percer les mystères de la vie ne résidait pas dans la recherche de réponses, mais dans l'acceptation des questions elles-mêmes.

Ainsi, alors que le monde dormait paisiblement sous le regard vigilant des étoiles, Marie murmura une prière silencieuse à l'univers - une supplique pour obtenir guidance, compréhension, courage pour affronter quoi que demain puisse apporter.

Car dans la tranquille solitude de la nuit, elle savait que tout était possible - même l'aube d'un nouveau commencement. Et alors qu'elle fermait les yeux et se laissait aller à l'étreinte du sommeil, elle savait que peu importe à quel point la nuit pouvait sembler sombre, la lumière d'un nouveau jour viendrait toujours.

Eleven O'Clock

The clock struck eleven, its chime echoing through the quiet streets of Paris. In a cozy apartment tucked away on a cobblestone alley, Marie sat by the window, her thoughts drifting like wisps of smoke in the night.

Outside, the city shimmered with the soft glow of streetlights, casting long shadows on the pavement below. The scent of freshly baked bread wafted through the air, mingling with the gentle hum of passing cars.

Marie watched as couples strolled hand in hand, their laughter dancing on the breeze. She envied their carefree demeanor, their hearts unburdened by the weight of solitude.

For Marie, the night was a time of introspection—a chance to ponder the mysteries of life and the secrets of the universe. She often found herself lost in the labyrinth of her thoughts, searching for answers that seemed forever out of reach.

As the clock continued to tick away the minutes, Marie's mind wandered to memories of days gone by. She recalled the laughter of her childhood, the warmth of her mother's embrace, and the scent of her father's pipe smoke lingering in the air.

But those days were long gone, lost in the mists of time like forgotten dreams. Now, Marie found herself alone in the world, adrift in a sea of uncertainty.

She longed for companionship, for someone to share her hopes and fears, her triumphs and sorrows. But try as she might, she could not seem to bridge the chasm that separated her from the rest of humanity.

And so, she remained a silent observer, watching the world pass by from the solitude of her window perch. She marveled at the beauty of the moon as it cast its silvery glow upon the rooftops, illuminating the city with its ethereal light.

But even the moon, with all its splendor, seemed distant and unattainable—a celestial enigma beyond the grasp of mortal hands.

As the clock struck midnight, Marie felt a sense of resignation wash over her like a tide. Another day had come and gone, leaving her no closer to finding the answers she sought.

But as she gazed out into the night, a faint glimmer of hope flickered within her heart. Perhaps, she thought, the key to unlocking life's mysteries lay not in searching for answers, but in embracing the questions themselves.

And so, as the world slept soundly beneath the watchful gaze of the stars, Marie whispered a silent prayer to the universe—a plea for guidance, for understanding, for the courage to face whatever tomorrow may bring.

For in the quiet solitude of the night, she knew that anything was possible—even the dawn of a new beginning. And as she closed her eyes and surrendered to the embrace of sleep, she knew that no matter how dark the night may seem, the light of a new day would always come.

Un Pommier en Normandie

Dans les collines vallonnées de Normandie, où le parfum des pommes flottait dans l'air automnal frais, se dressait un pommier solitaire, ses branches s'élançant vers le ciel comme des bras tendus. Sous son feuillage verdoyant, un jeune garçon nommé Jacques était assis le dos contre le tronc noueux, perdu dans ses pensées.

Jacques était un garçon simple, avec des cheveux ébouriffés couleur châtaigne et des yeux aussi bleus que l'océan. Il passait ses journées à s'occuper de la ferme familiale, labourant la terre et prenant soin du bétail aux côtés de son père.

Mais c'était sous le pommier que Jacques trouvait la paix - un sanctuaire loin de l'agitation de la vie à la ferme, où il pouvait se perdre dans le bruissement des feuilles et le doux murmure de la nature.

Un après-midi ensoleillé, alors que Jacques était allongé sous l'arbre, il remarqua un éclat de rouge parmi les branches - une pomme mûre, qui pendait tentatrice à portée de main. Avec un sourire malicieux, il tendit la main et cueillit le fruit de son perchoir, savourant sa douceur juteuse à chaque bouchée.

Alors qu'il savourait le plaisir simple de manger la pomme, Jacques ne put s'empêcher de s'émerveiller devant la beauté de l'arbre qui l'avait portée. Ses branches tortueuses semblaient raconter une histoire de résilience et de force, bravant les tempêtes de nombreuses saisons avec une grâce inébranlable.

Perdu dans sa rêverie, Jacques fut surpris par le son de pas qui approchaient. Il leva les yeux pour voir son père, Henri, traverser le champ vers lui, un sourire aux coins de son visage ridé.

"Bonjour, mon fils," salua chaleureusement Henri. "Tu profites d'un moment de paix sous le pommier ?"

Jacques hocha la tête, offrant à son père un morceau de la pomme. "Oui, papa," répondit-il. "L'arbre est rempli de fruits mûrs cette année."

Henri rit doucement, acceptant l'offrande avec gratitude. "En effet, Jacques. Notre verger a été béni d'une récolte abondante."

Alors que père et fils étaient assis ensemble sous le pommier, partageant des histoires et des rires, Jacques ressentit un sentiment de contentement l'envahir comme une brise douce. À ce moment-là, entouré par la beauté de la nature et la chaleur de l'amour de son père, il savait qu'il était exactement là où il devait être.

Les jours se transformèrent en semaines, et les saisons changèrent comme toujours. L'hiver apporta une couverture de neige qui recouvrit les champs d'un voile scintillant, tandis que le printemps annonçait l'arrivée de délicates fleurs qui ornaient le pommier comme une couronne de joyaux.

Malgré tout, Jacques resta fidèle à son sanctuaire sous l'arbre, trouvant du réconfort dans son étreinte familière. Et au fil des ans, il grandit aux côtés de l'arbre, ses racines s'entrelaçant aux siennes, jusqu'à ce qu'elles deviennent indissociables.

Mais avec le temps, le monde autour d'eux évolua également. Le village prospéra, grouillant d'activité et de commerce, tandis que les champs de Normandie résonnaient du son du progrès.

Un jour, alors que Jacques était assis sous le pommier, perdu dans ses pensées, il entendit le grondement lointain de machines au loin. Curieux, il s'aventura dans le champ pour enquêter, son cœur s'enfonçant à la vue qui l'accueillit.

Un groupe d'hommes était arrivé avec des haches et des scies, leurs visages déterminés alors qu'ils s'approchaient de l'arbre avec un but sinistre. Jacques sentit une vague de panique monter en lui lorsqu'il réalisa leur intention - défricher le terrain pour un nouveau développement, faire place au progrès au détriment de la beauté de la nature.

Plein de défiance, Jacques se précipita en avant pour défendre l'arbre, se tenant dans son ombre comme un sentinelle solitaire contre le flot de destruction. Mais ses protestations tombèrent dans l'oreille de sourds alors que les hommes continuaient leur travail, leurs haches mordant dans le bois ancien avec une efficacité impitoyable.

Alors que Jacques regardait impuissant, les larmes coulant sur ses joues, il sentit une main sur son épaule. Se retournant, il vit son père à ses côtés, son expression empreinte d'une résignation silencieuse.

"C'est ainsi, mon fils," dit Henri doucement. "Le changement est inévitable, mais nous devons apprendre à l'accepter avec grâce."

Le cœur lourd, Jacques hocha la tête, son regard s'attardant sur les restes meurtris du pommier qui avait été son sanctuaire pendant tant d'années. Bien qu'il ne soit plus debout, son esprit vivrait éternellement dans son cœur.

An Apple Tree in Normandy

In the rolling hills of Normandy, where the scent of apples lingered in the crisp autumn air, there stood a solitary apple tree, its branches reaching towards the sky like outstretched arms. Beneath its leafy canopy, a young boy named Jacques sat with his back against the gnarled trunk, lost in thought.

Jacques was a simple boy, with tousled hair the color of chestnuts and eyes as blue as the ocean. He spent his days tending to the family farm, tilling the soil and caring for the livestock alongside his father.

But it was beneath the apple tree that Jacques found solace—a sanctuary away from the hustle and bustle of farm life, where he could lose himself in the rustling leaves and the gentle hum of nature.

One sunny afternoon, as Jacques lounged beneath the tree, he noticed a glimmer of red amidst the branches—a ripe apple, dangling temptingly within reach. With a mischievous grin, he reached out and plucked the fruit from its perch, savoring its sweet juiciness with each bite.

As he enjoyed the simple pleasure of eating the apple, Jacques couldn't help but marvel at the beauty of the tree that had borne it. Its twisted limbs seemed to tell a story of resilience and strength, weathering the storms of countless seasons with unwavering grace.

Lost in his reverie, Jacques was startled by the sound of approaching footsteps. He looked up to see his father, Henri, striding across the field towards him, a smile playing at the corners of his weathered face.

"Bonjour, mon fils," Henri greeted him warmly. "Enjoying a moment of peace beneath the apple tree?"

Jacques nodded, offering his father a piece of the apple. "Oui, papa," he replied. "The tree is full of ripe fruit this year."

Henri chuckled, accepting the offering with gratitude. "Indeed it is, Jacques. Our orchard has been blessed with a bountiful harvest."

As father and son sat together beneath the apple tree, sharing stories and laughter, Jacques felt a sense of contentment wash over him like a gentle breeze. In that moment, surrounded by the beauty of nature and the warmth of his father's love, he knew that he was exactly where he was meant to be.

Days turned into weeks, and the seasons changed as they always did. Winter brought a blanket of snow that covered the fields in a shimmering veil, while spring heralded the arrival of delicate blossoms that adorned the apple tree like a crown of jewels.

Through it all, Jacques remained faithful to his sanctuary beneath the tree, finding comfort in its familiar embrace. And as the years passed, he grew alongside the tree, his roots entwined with its own, until they became inseparable.

But as time marched on, so too did the world around them. The village flourished, bustling with activity and commerce, while the fields of Normandy echoed with the sound of progress.

One day, as Jacques sat beneath the apple tree, lost in thought, he heard the distant rumble of machinery in the distance. Curious, he ventured out into the field to investigate, his heart sinking at the sight that greeted him.

A group of men had arrived with axes and saws, their faces set in determination as they approached the apple tree with grim purpose. Jacques felt a surge of panic rise within him as he realized their intent—to clear the land for a new development, to make way for progress at the expense of nature's beauty.

With a cry of defiance, Jacques rushed forward to defend the tree, standing in its shadow like a lone sentinel against the tide of destruction.

But his protests fell on deaf ears as the men continued their work, their axes biting into the ancient wood with merciless efficiency.

As Jacques watched helplessly, tears streaming down his cheeks, he felt a hand on his shoulder. Turning, he saw his father standing beside him, his expression one of quiet resignation.

"It is the way of the world, mon fils," Henri said softly. "Change is inevitable, but we must learn to accept it with grace."
With a heavy heart, Jacques nodded, his gaze lingering on the battered remnants of the apple tree that had been his sanctuary for so many years. Though it stood no more, its spirit would live on in his heart forever.

Neige dans le Vignoble

Au cœur de la campagne française, nichée parmi les collines ondoyantes ornées de vignobles, se dressait une ferme pittoresque où vivait une jeune femme nommée Amélie avec sa famille. La ferme, avec ses solides murs de pierre et ses volets en bois vieilli, dégageait un charme intemporel qui parlait des générations passées.

Amélie était une âme pleine de vie, avec une lueur dans les yeux et un sourire qui pouvait égayer même les jours les plus sombres. Elle passait ses journées à s'occuper du vignoble aux côtés de ses parents, récoltant les raisins sous le chaud soleil et prenant soin des rangées de vignes avec douceur.

Mais alors que l'automne laissait place à l'hiver, le paysage se transformait en un paysage hivernal, recouvert d'une couche de neige immaculée qui scintillait comme des diamants au soleil. Le vignoble, autrefois vibrant de couleurs automnales, reposait maintenant sous son manteau neigeux, attendant la promesse du printemps.

Amélie aimait la neige, avec ses flocons doux qui dansaient sur la brise et son silence feutré qui enveloppait le monde dans une couverture de tranquillité. Chaque matin, elle se réveillait avant l'aube pour regarder le lever du soleil sur les collines enneigées, s'émerveillant de la beauté du monde alors qu'il se réveillait de son sommeil.

Un jour froid d'hiver, alors qu'Amélie s'aventurait dans le vignoble pour ramasser du bois de chauffage pour l'âtre, elle remarqua une silhouette au loin - un voyageur solitaire traversant les champs enneigés. Curieuse, elle s'approcha de lui avec un sourire chaleureux.

"Bonjour, monsieur", lui dit-elle joyeusement. "Que vous amène dans notre humble vignoble par une journée si froide ?"

Le voyageur lui rendit son sourire, ses yeux pétillants de chaleur malgré le froid. "Bonjour, mademoiselle", répondit-il. "Je cherche un abri contre la tempête qui approche. Pourrais-je trouver refuge dans votre ferme ?"

Amélie hocha la tête, conduisant le voyageur vers la ferme où sa famille l'attendait. En entrant dans la chaleur de l'âtre, elle le présenta à ses parents, qui l'accueillirent à bras ouverts.

"Bienvenue, monsieur", dit gentiment son père. "Vous êtes le bienvenu chez nous jusqu'à ce que la tempête passe."

Reconnaissant pour leur hospitalité, le voyageur s'installa pour la nuit, leur racontant des histoires de ses aventures à travers des contrées lointaines. Amélie écoutait attentivement, captivée par ses récits de lieux lointains et de cultures exotiques.

Alors que la soirée avançait et que le feu crépitait dans l'âtre, la neige à l'extérieur tombait de plus en plus, recouvrant le vignoble d'une épaisse couche de blanc. Mais à l'intérieur de la ferme, une chaleur emplissait l'air qui allait au-delà de la chaleur du feu - c'était la chaleur de l'amitié et de la camaraderie, du rire partagé et des souvenirs communs.

La tempête fit rage toute la nuit, mais à l'intérieur de la ferme, il y avait un sentiment de paix qui transcendait le chaos à l'extérieur. Au lever du jour, lorsque les premières lueurs du matin filtraient à travers les fenêtres, Amélie et sa famille dirent au revoir à leur invité inattendu, lui souhaitant un voyage sûr sur son chemin.

Alors que le voyageur se frayait un chemin à travers les champs enneigés, ses pas laissant une traînée d'empreintes dans la neige immaculée, Amélie le regardait partir avec un sentiment de nostalgie dans le cœur. Bien que leur temps ensemble ait été bref, elle ressentait une connexion avec lui qu'elle ne pouvait tout à fait expliquer - un lien forgé au milieu d'une tempête de neige dans le vignoble.

Alors que les jours passaient et que la neige fondait, la vie dans le vignoble retrouvait son cours normal. Mais Amélie ne pouvait se défaire du souvenir du voyageur, sa présence persistant dans ses pensées comme un murmure sur le vent.

Et alors qu'elle regardait les vignes commencer à bourgeonner à nouveau, annonçant l'arrivée du printemps, elle ne pouvait s'empêcher de se demander s'ils se reverraient un jour - si leurs chemins se croiseraient à nouveau dans la vaste toile du monde.

Car dans le silence paisible du vignoble, au milieu de la beauté du paysage enneigé, Amélie avait appris que parfois, les rencontres les plus inattendues peuvent laisser la plus profonde empreinte sur nos cœurs, comme des empreintes dans la neige qui persistent longtemps après que la tempête soit passée.

Snow in the Vineyard

In the heart of the French countryside, nestled among rolling hills adorned with vineyards, there stood a quaint farmhouse where a young woman named Amélie lived with her family. The farmhouse, with its sturdy stone walls and weathered wooden shutters, exuded a timeless charm that spoke of generations past.

Amélie was a spirited soul, with a twinkle in her eye and a smile that could brighten even the dreariest of days. She spent her days tending to the vineyard alongside her parents, harvesting grapes under the warm sun and tending to the rows of vines with gentle care.

But as autumn faded into winter, the landscape transformed into a winter wonderland, blanketed in a pristine layer of snow that shimmered like diamonds in the sunlight. The vineyard, once vibrant with the colors of autumn, now lay dormant beneath its snowy mantle, awaiting the promise of spring.

Amélie loved the snow, with its soft flakes that danced on the breeze and its hushed stillness that enveloped the world in a blanket of tranquility. Each morning, she would wake before dawn to watch the sunrise over the snow-covered hills, marveling at the beauty of the world as it awoke from its slumber.

One cold winter's day, as Amélie ventured into the vineyard to gather firewood for the hearth, she noticed a figure in the distance —a lone traveler making his way through the snow-covered fields. Curious, she approached him with a warm smile.

"Bonjour, monsieur," she greeted him cheerfully. "What brings you to our humble vineyard on such a cold day?"

The traveler returned her smile, his eyes sparkling with warmth despite the chill in the air. "Bonjour, mademoiselle," he replied. "I am seeking shelter from the storm that approaches. Might I find refuge in your farmhouse?"

Amélie nodded, leading the traveler towards the farmhouse where her family awaited. As they entered the warmth of the hearth, she introduced him to her parents, who welcomed him with open arms.

"Welcome, monsieur," her father said kindly. "You are welcome to stay with us until the storm passes."

Grateful for their hospitality, the traveler settled in for the night, regaling them with tales of his adventures across distant lands. Amélie listened intently, captivated by his stories of far-off places and exotic cultures.

As the evening wore on and the fire crackled in the hearth, the snow outside fell heavier, blanketing the vineyard in a thick layer of white. But inside the farmhouse, a warmth filled the air that went beyond the heat of the fire—it was the warmth of friendship and camaraderie, of shared laughter and shared memories.

The storm raged on throughout the night, but inside the farmhouse, there was a sense of peace that transcended the chaos outside. As dawn broke and the first light of morning filtered through the windows, Amélie and her family bid farewell to their unexpected guest, wishing him safe travels on his journey.

As the traveler made his way through the snow-covered fields, his footsteps leaving a trail of imprints in the pristine snow, Amélie watched him go with a sense of longing in her heart. Though their time together had been brief, she felt a connection to him that she couldn't quite explain—a bond forged in the midst of a snowstorm in the vineyard.

As the days turned into weeks and the snow melted away, life in the vineyard returned to normal. But Amélie couldn't shake the memory of the traveler, his presence lingering in her thoughts like a whisper on the wind.

And as she watched the vines begin to bud once more, heralding the arrival of spring, she couldn't help but wonder if they would ever meet again—if their paths would cross once more in the vast tapestry of the world.

For in the quiet stillness of the vineyard, amidst the beauty of the snow-covered landscape, Amélie had learned that sometimes, the most unexpected encounters can leave the deepest imprint on our hearts, like footprints in the snow that linger long after the storm has passed.

Émilie

Dans un petit village niché au cœur des collines de Provence, vivait une jeune fille nommée Émilie. Elle était la fille d'un modeste boulanger, Monsieur Dupont, qui dirigeait la boulangerie du village avec amour et dévouement.

Émilie était une enfant pleine de vie, avec un sourire qui pouvait illuminer même les jours les plus sombres. Elle passait ses journées à aider son père à la boulangerie, pétrissant la pâte et façonnant les pains avec une habileté et une précision qui dépassaient son âge.

Mais la véritable passion d'Émilie résidait dans les champs qui entouraient le village - les champs de lavande qui s'étendaient à perte de vue, leurs fleurs d'un violet éclatant se balançant dans la brise légère.

Chaque matin, avant que le soleil ne se lève complètement, Émilie sortait de la boulangerie et se dirigeait vers les champs, ses pieds nus s'enfonçant dans la terre douce tandis qu'elle respirait le parfum enivrant de lavande qui emplissait l'air.

C'était là, au milieu des fleurs parfumées, qu'Émilie se sentait la plus vivante. Elle virevoltait et dansait à travers les rangées de lavande, son rire résonnant comme de la musique dans le silence du matin.

Mais à mesure qu'Émilie grandissait, elle commençait à sentir le poids des responsabilités peser sur ses épaules. Son père vieillissait et les exigences de la boulangerie augmentaient, laissant peu de temps à Émilie pour s'adonner à son passe-temps bien-aimé.

Pourtant, elle trouvait des moments de répit au milieu du chaos de la vie quotidienne - des moments volés dans les champs de lavande, où elle pouvait se perdre dans la beauté du monde qui l'entourait.

Un jour d'été, alors qu'Émilie s'occupait de la boulangerie, elle remarqua un étranger traversant le village - un jeune homme aux yeux aussi bleus que le ciel et un sourire qui semblait illuminer tout son visage.

Intriguée par le nouveau venu, Émilie le regarda passer à travers la place du village, sa grâce naturelle et sa convivialité attirant l'attention de tous ceux qu'il croisait.

Curieuse, Émilie décida de le suivre, son cœur battant d'excitation à l'idée de rencontrer quelqu'un de nouveau. En s'approchant de lui, elle sentit ses joues rougir, ses paumes devenir moites de nervosité.

"Bonjour," lui dit-elle timidement, sa voix à peine plus qu'un murmure. "Bienvenue dans notre village."

Le jeune homme se tourna vers elle avec un sourire chaleureux, ses yeux pétillant de chaleur malgré le froid. "Bonjour," répondit-il, sa voix douce et mélodieuse. "Merci pour l'accueil. Je m'appelle Jean."

Le cœur d'Émilie fit un bond à l'entente de son nom, son pouls s'accélérant d'anticipation. "Je suis Émilie," se présenta-t-elle, sa voix tremblant légèrement. "Je travaille à la boulangerie avec mon père."

Jean hocha la tête, son sourire s'élargissant. "C'est un plaisir de vous rencontrer, Émilie. Peut-être que je passerai à la boulangerie un de ces jours pour goûter au fameux pain de votre père."

Émilie rougit à l'évocation du pain de son père, ses joues s'empourprant de fierté. "Je serais ravie," répondit-elle timidement, son regard se posant sur le sol sous ses pieds.

Alors que Jean continuait son chemin à travers le village, Émilie le regarda partir avec un sentiment de papillons dans sa poitrine. Il y avait quelque chose en lui - quelque chose qui éveillait son cœur d'une manière qu'elle ne pouvait tout à fait expliquer.

Dans les jours qui suivirent, Émilie se surprit à penser de plus en plus à Jean, son esprit vagabondant vers des pensées de leur brève rencontre sur la place du village. Elle se demandait ce qu'il faisait, d'où il venait, et si elle le reverrait un jour.

Et puis, un jour, alors qu'elle s'occupait de la boulangerie, elle entendit une voix familière l'appeler depuis la porte. Le cœur battant d'excitation, elle se précipita pour l'ouvrir, ses yeux s'élargissant de surprise à la vue qui l'attendait.

Là se tenait Jean, un bouquet de lavande à la main et un sourire aux lèvres. "Bonjour, Émilie," lui dit-il chaleureusement. "J'ai pensé que vous aimeriez des fleurs pour votre boulangerie."

Le cœur d'Émilie s'envola à sa vue, ses joues s'empourprant de bonheur. "Merci, Jean," lui répondit-elle avec gratitude, acceptant le bouquet avec des mains tremblantes. "Elles sont magnifiques."

Alors que Jean entrait dans la boulangerie, Émilie ne put s'empêcher de remarquer la façon dont ses yeux s'attardaient sur elle, comme s'il essayait de mémoriser chaque détail de son visage. Et à cet instant, elle sut qu'elle avait trouvé quelqu'un de spécial - quelqu'un qui faisait chanter son cœur de joie.

Au fil des jours, Émilie et Jean passèrent de plus en plus de temps ensemble, leur amitié se transformant en quelque chose de plus profond et de plus profond. Ils se promenaient main dans la main à travers les champs de lavande, leur rire résonnant comme de la musique dans l'air.

Et alors qu'ils regardaient le soleil se coucher sur les collines de Provence, projetant une lueur dorée sur le paysage, Émilie sut qu'elle avait trouvé sa place dans le monde - une place aux côtés de Jean, où elle pouvait être elle-même sans peur ni réserve.

Car dans les champs de lavande, au milieu de la beauté de la campagne, Émilie avait découvert le vrai sens de l'amour - un amour aussi durable et intemporel que le parfum de la lavande qui emplissait l'air. Et alors qu'elle se penchait pour embrasser Jean sous le soleil couchant, elle sut que leur amour durerait toute une vie, comme les champs de lavande qui s'étendaient devant eux, pour toujours en fleurs.

Émilie

In a small village nestled in the hills of Provence, there lived a young girl named Émilie. She was the daughter of a humble baker, Monsieur Dupont, who ran the village bakery with love and dedication.

Émilie was a spirited child, with a smile that could light up even the gloomiest of days. She spent her days helping her father in the bakery, kneading dough and shaping loaves with skill and precision beyond her years.

But Émilie's true passion lay in the fields that surrounded the village—the fields of lavender that stretched as far as the eye could see, their vibrant purple blooms swaying in the gentle breeze.

Each morning, before the sun had fully risen, Émilie would slip out of the bakery and into the fields, her bare feet sinking into the soft earth as she breathed in the heady scent of lavender that filled the air.

It was here, amidst the fragrant blossoms, that Émilie felt most alive. She would twirl and dance through the rows of lavender, her laughter ringing out like music in the stillness of the morning.

But as Émilie grew older, she began to feel the weight of responsibility pressing down upon her shoulders. With her father growing older and the demands of the bakery increasing, there was little time for Émilie to indulge in her beloved pastime.

Still, she found moments of respite amidst the chaos of daily life—moments stolen away in the fields of lavender, where she could lose herself in the beauty of the world around her.

One summer's day, as Émilie was tending to the bakery, she noticed a stranger passing through the village—a young man with eyes as blue as the sky and a smile that seemed to light up his entire face.

Intrigued by the newcomer, Émilie watched as he made his way through the village square, his easy grace and friendly demeanor drawing the attention of everyone he passed.

Curiosity piqued, Émilie decided to follow him, her heart fluttering with excitement at the prospect of meeting someone new. As she approached him, she could feel her cheeks flushing with color, her palms growing clammy with nervousness.

"Bonjour," she greeted him timidly, her voice barely above a whisper. "Welcome to our village."

The young man turned to her with a warm smile, his eyes crinkling at the corners with genuine warmth. "Bonjour," he replied, his voice soft and melodious. "Thank you for the welcome. My name is Jean."

Émilie's heart skipped a beat at the sound of his name, her pulse quickening with anticipation. "I'm Émilie," she introduced herself, her voice trembling slightly. "I work at the bakery with my father."

Jean nodded, his smile widening. "It's a pleasure to meet you, Émilie. Perhaps I'll stop by the bakery sometime and sample your father's famous bread."

Émilie blushed at the mention of her father's bread, her cheeks flushing with pride. "I would like that," she replied shyly, her gaze drifting to the ground beneath her feet.

As Jean continued on his way through the village, Émilie watched him go with a fluttering sensation in her chest. There was something about him—something that stirred her heart in a way she couldn't quite explain.

In the days that followed, Émilie found herself thinking more and more about Jean, her mind wandering to thoughts of their brief encounter in the village square. She wondered what he was doing, where he had come from, and whether she would ever see him again.

And then, one day, as she was tending to the bakery, she heard a familiar voice calling her name from outside the door. Heart pounding with excitement, she rushed to open it, her eyes widening in surprise at the sight that greeted her.

There stood Jean, a bouquet of lavender in hand and a smile on his lips. "Bonjour, Émilie," he greeted her warmly. "I thought you might like some flowers for your bakery."

Émilie's heart soared at the sight of him, her cheeks flushing with happiness. "Merci, Jean," she replied gratefully, accepting the bouquet with trembling hands. "They're beautiful."

As Jean stepped inside the bakery, Émilie couldn't help but notice the way his eyes lingered on her, as if trying to memorize every detail of her face. And in that moment, she knew that she had found someone special—someone who made her heart sing with joy.

As the days turned into weeks, Émilie and Jean spent more and more time together, their friendship blossoming into something deeper and more profound. They would stroll through the fields of lavender hand in hand, their laughter ringing out like music in the air.

And as they watched the sun set over the hills of Provence, casting a golden glow over the landscape, Émilie knew that she had found her place in the world—a place by Jean's side, where she could be herself without fear or reservation.

For in the fields of lavender, amidst the beauty of the countryside, Émilie had discovered the true meaning of love—a love that was as enduring and as timeless as the fragrance of the lavender that filled the air. And as she leaned in to kiss Jean beneath the setting sun, she knew that their love would last a lifetime, like the fields of lavender that stretched out before them, forever in bloom.

Le Secret du Mont Blanc

Au cœur des Alpes françaises, où les sommets imposants du Mont Blanc perçaient le ciel, se cachait un secret enfoui sous la glace et la neige - un secret qui était resté caché pendant des siècles, attendant d'être découvert par ceux qui étaient assez courageux pour le chercher.

Parmi les pentes escarpées et les falaises dangereuses, vivait un groupe de montagnards connu sous le nom d'Explorateurs Alpins, dirigé par leur intrépide chef, le Capitaine Pierre. Ensemble, ils parcouraient le terrain impitoyable, escaladant les sommets glacés à la recherche d'aventure et de gloire.

Un matin frais, alors que les premières lueurs de l'aube peignaient les montagnes de teintes roses et dorées, le Capitaine Pierre rassembla son équipe pour une expédition audacieuse - une expédition qui les mènerait au sommet même du Mont Blanc, où la légende parlait d'un trésor au-delà de l'imagination.

Le voyage ne serait pas facile, car le Mont Blanc était un adversaire redoutable, avec des crevasses traîtresses et des vents hurlants qui pouvaient geler un homme sur place en un instant. Mais les Explorateurs Alpins étaient intrépides, leurs cœurs remplis de détermination et leur esprit fixé sur le prix qui les attendait au sommet.

Alors qu'ils commençaient leur ascension, l'air devenait plus froid et le terrain plus impitoyable, testant leur force et leur résolution à chaque pas. Mais le Capitaine Pierre les guidait avec une confiance inébranlable, sa voix résonnant comme un appel au milieu du silence glacé des montagnes.

Les heures se transformaient en jours alors qu'ils avançaient, leur voyage semé de dangers à chaque tournant. Mais malgré tout, ils persévéraient, animés par la promesse du trésor qui les attendait devant - un trésor dont on disait qu'il était la clé pour déverrouiller les mystères de l'univers lui-même.

Enfin, après des jours d'escalade éprouvante et de moments à couper le souffle, ils atteignirent le sommet du Mont Blanc - une vaste étendue de neige et de glace qui s'étendait devant eux comme une mer sans fin. Et là, nichée au milieu du paysage gelé, ils trouvèrent ce qu'ils avaient recherché - l'entrée d'une caverne cachée, dissimulée sous une couverture de neige.

Avec des mains tremblantes, le Capitaine Pierre et son équipe dégagèrent la neige pour révéler l'entrée de la caverne - un sombre gouffre béant qui semblait avaler la lumière. Mais ils ne fléchirent pas, car ils savaient qu'au fond de ses profondeurs se trouvait la réponse à leur quête.

Avec des lanternes à la main et des cœurs remplis d'anticipation, ils descendirent dans la caverne, leurs pas résonnant sur les parois de glace alors qu'ils s'aventuraient plus profondément dans les ténèbres. Et là, éclairés par la lumière vacillante de leurs lanternes, ils le trouvèrent - le trésor du Mont Blanc.

Ce n'était ni de l'or ni des bijoux qui les accueillaient, mais quelque chose de bien plus précieux - une collection de manuscrits anciens, leurs pages jaunies par l'âge et leurs mots écrits dans une langue depuis longtemps oubliée.

Alors que le Capitaine Pierre parcourait les manuscrits, son cœur battait plus vite d'excitation, car il savait qu'ils détenaient la clé pour déverrouiller les secrets de l'univers - les secrets de la vie et de la mort, de l'amour et de la perte, de la trame même de l'existence.

Pendant des jours, le Capitaine Pierre et son équipe se plongèrent dans les mystères des manuscrits, déchiffrant leurs passages cryptiques et reconstituant le puzzle de leur sagesse ancienne. Et alors qu'ils lisaient, ils découvrirent une vérité plus profonde qu'ils n'auraient jamais pu l'imaginer - une vérité qui changerait le cours de l'histoire à jamais.

Mais leur triomphe fut de courte durée, car même s'ils se réjouissaient de leur découverte, une ombre planait sur la caverne - une ombre qui parlait du danger tapi dans l'obscurité, attendant de frapper.

Avec un sentiment d'urgence, le Capitaine Pierre et son équipe rassemblèrent les manuscrits et se préparèrent à quitter la caverne, sachant qu'ils devaient protéger leur nouvelle connaissance de ceux qui chercheraient à l'exploiter à leur profit.

Mais alors qu'ils remontaient à la surface, le désastre frappa - une avalanche soudaine, déclenchée par la glace mouvante, les envoya tous dégringoler dans les profondeurs de la caverne, les ensevelissant sous une montagne de neige et de glace.

Pendant des heures, ils restèrent piégés dans l'obscurité, leurs lanternes vacillantes alors que le froid les enveloppait. Mais malgré tout, ils refusèrent d'abandonner l'espoir, car ils savaient que quelque part, enfoui sous la neige, se trouvait la clé de leur salut.

Et puis, juste au moment où tout semblait perdu, un éclat de lumière apparut - un rayon de soleil perçant l'obscurité comme un phare d'espoir.

Avec une détermination renouvelée, le Capitaine Pierre et son équipe se frayèrent un chemin jusqu'à la surface, émergeant dans l'air frais de la montagne avec les manuscrits serrés dans leurs mains.

Alors qu'ils se tenaient au milieu des décombres de l'avalanche, meurtris mais inflexibles, ils savaient que leur voyage était loin d'être terminé. Car les secrets du Mont Blanc étaient désormais les leurs à protéger, et ils ne reculeraient devant rien pour s'assurer qu'ils restaient cachés à ceux qui chercheraient à les exploiter.

Et ainsi, avec le vent dans leur dos et le soleil sur leur visage, le Capitaine Pierre et son équipe se lancèrent dans l'inconnu, leurs cœurs remplis du frisson de l'aventure et de la connaissance qu'ils avaient découvert le plus grand trésor de tous - le secret du Mont Blanc.

The Secret of Mont Blanc

Deep in the heart of the French Alps, where the towering peaks of Mont Blanc pierced the sky, there lay a secret buried beneath the ice and snow—a secret that had remained hidden for centuries, waiting to be discovered by those brave enough to seek it out.

Among the rugged slopes and treacherous cliffs, there lived a group of mountaineers known as the Alpine Explorers, led by their fearless leader, Captain Pierre. Together, they traversed the unforgiving terrain, scaling the icy peaks in search of adventure and glory.

One crisp morning, as the first light of dawn painted the mountains in shades of pink and gold, Captain Pierre gathered his team for a daring expedition—one that would take them to the very summit of Mont Blanc, where legend spoke of a treasure beyond imagining.

The journey would not be easy, for Mont Blanc was a formidable foe, with treacherous crevasses and howling winds that could freeze a man's bones in an instant. But the Alpine Explorers were undaunted, their hearts filled with determination and their minds set on the prize that awaited them at the top.

As they began their ascent, the air grew colder and the terrain more unforgiving, testing their strength and resolve with every step. But Captain Pierre led them with unwavering confidence, his voice ringing out like a clarion call amidst the icy silence of the mountains.

Hours turned into days as they pressed onward, their journey fraught with danger at every turn. But still, they persevered, fueled by the promise of the treasure that lay ahead—a treasure rumored to be the key to unlocking the mysteries of the universe itself.

Finally, after days of grueling climbing and heart-stopping moments, they reached the summit of Mont Blanc—a vast expanse of snow and ice that stretched out before them like an endless sea. And there, nestled amidst the frozen landscape, they found what they had been searching for—the entrance to a hidden cavern, concealed beneath a blanket of snow.

With trembling hands, Captain Pierre and his team cleared away the snow to reveal the mouth of the cavern—a dark, yawning chasm that seemed to swallow the light. But they did not falter, for they knew that within its depths lay the answer to their quest.

With lanterns in hand and hearts filled with anticipation, they descended into the cavern, their footsteps echoing off the walls of ice as they ventured deeper into the darkness. And there, illuminated by the flickering light of their lanterns, they found it—the treasure of Mont Blanc.

It was not gold or jewels that greeted them, but something far more precious—a collection of ancient manuscripts, their pages yellowed with age and their words written in a language long forgotten.

As Captain Pierre pored over the manuscripts, his heart quickened with excitement, for he knew that they held the key to unlocking the secrets of the universe—the secrets of life and death, of love and loss, of the very fabric of existence itself.

For days, Captain Pierre and his team delved into the mysteries of the manuscripts, deciphering their cryptic passages and piecing together the puzzle of their ancient wisdom. And as they read, they discovered a truth more profound than they could have ever imagined—a truth that would change the course of history forever.

But their triumph was short-lived, for even as they reveled in their discovery, a shadow fell over the cavern—a shadow that spoke of danger lurking in the darkness, waiting to strike.

With a sense of urgency, Captain Pierre and his team gathered up the manuscripts and prepared to leave the cavern, knowing that they must protect their newfound knowledge from those who would seek to exploit it for their own gain.

But as they made their way back to the surface, disaster struck—a sudden avalanche, triggered by the shifting ice, sent them tumbling into the depths of the cavern, burying them beneath a mountain of snow and ice. For hours, they lay trapped in the darkness, their lanterns flickering weakly as the cold closed in around them. But still, they refused to give up hope, for they knew that somewhere, buried beneath the snow, lay the key to their salvation.

And then, just when all seemed lost, a glimmer of light appeared—a shaft of sunlight piercing the darkness like a beacon of hope. With renewed determination, Captain Pierre and his team clawed their way to the surface, emerging into the crisp mountain air with the manuscripts clutched tightly in their hands.

As they stood amidst the wreckage of the avalanche, battered but unbowed, they knew that their journey was far from over. For the secrets of Mont Blanc were now theirs to safeguard, and they would stop at nothing to ensure that they remained hidden from those who would seek to exploit them.

And so, with the wind at their backs and the sun on their faces, Captain Pierre and his team set off into the unknown, their hearts filled with the thrill of adventure and the knowledge that they had uncovered the greatest treasure of all—the secret of Mont Blanc.

Demain, je serai parti

Dans un village endormi niché le long des rives de la Seine, vivait une jeune fille nommée Camille. Elle était la fille d'un pêcheur, ses journées passées au bord de la rivière, regardant son père jeter ses filets dans les eaux scintillantes.

Camille était une rêveuse, avec des yeux couleur du ciel et un cœur aussi vaste que l'océan. Elle passait ses journées perdue dans son imagination, tissant des histoires à partir du monde qui l'entourait et rêvant de terres lointaines au-delà de l'horizon.

Mais au fil des ans et avec le temps, Camille sentit le poids des responsabilités pesant sur ses épaules. Son père vieillissait et les exigences du village augmentaient, il lui restait peu de temps pour se livrer à ses rêves.

Pourtant, elle trouvait du réconfort dans les moments tranquilles qu'elle se volait - un regard furtif vers les étoiles depuis sa fenêtre de chambre, une prière chuchotée à la lune lorsqu'elle se levait au-dessus du bord de la rivière.

Un soir, alors que le soleil disparaissait sous l'horizon et que les premières étoiles apparaissaient dans le ciel, Camille prit une décision qui changerait le cours de sa vie pour toujours. Avec une lueur déterminée dans les yeux, elle prépara un petit sac avec quelques affaires et sortit de la maison, son cœur battant d'anticipation.

Alors qu'elle traversait les rues du village, l'air nocturne frais contre sa peau, Camille ressentit un sentiment de liberté l'envahir - une liberté née du savoir qu'elle prenait enfin le contrôle de son propre destin.

Elle n'avait pas de plan, pas de destination en tête - seulement le désir ardent d'échapper aux limites de son petit village et d'explorer le monde au-delà. Et ainsi, à chaque pas, elle se sentait plus proche de l'aventure qu'elle avait toujours désirée.

Des heures passèrent alors que Camille marchait le long des routes sinueuses qui menaient loin du village, ses pieds la portant toujours plus loin vers l'inconnu. Et puis, juste au moment où les premières lueurs de l'aube commencèrent à strier le ciel, elle le vit - une ville tentaculaire à l'horizon, sa skyline illuminée par la lueur du soleil levant.

Avec un sentiment d'exaltation parcourant ses veines, Camille accéléra le pas, son cœur battant d'excitation à la perspective de ce qui l'attendait. Pour la première fois de sa vie, elle se sentait vraiment vivante, comme si le monde s'ouvrait devant elle comme une vaste mer inexplorée.

En entrant dans la ville, ses rues grouillantes d'activité et ses bâtiments la surplombant, Camille ressentit un sentiment d'émerveillement l'envahir. Partout où elle regardait, il y avait des images et des sons comme rien de ce qu'elle avait jamais connu - des marchés colorés remplis d'épices exotiques et de fleurs parfumées, des cafés animés où les gens riaient et parlaient autour de tasses de café fumant, et de grandes cathédrales qui s'élevaient vers le ciel comme des monuments au divin.

Pendant des jours, Camille erra dans les rues de la ville, ses sens vivants de la vibrante vie qui l'entourait. Elle se lia d'amitié avec des vendeurs de rue et des artistes, des poètes et des musiciens, chacun ajoutant une nouvelle couche à la toile de son aventure.

Mais alors que les jours se transformaient en semaines, Camille commença à ressentir un tiraillement dans son cœur - un désir pour les conforts familiers de chez elle, le doux clapotis de la rivière contre le rivage, le murmure doux de la voix de son père lorsqu'il lui racontait des histoires de la mer.

Et ainsi, avec un cœur lourd, elle prit la décision de retourner dans son village, sachant qu'elle ne pourrait jamais vraiment le quitter derrière elle. Car même si le monde peut être vaste et merveilleux, il n'y avait pas de place comme chez soi.

Alors qu'elle cheminait de nouveau le long des routes sinueuses qui menaient à son village, Camille ressentit un sentiment de paix l'envahir - une paix née du savoir qu'elle avait vécu l'aventure d'une vie, et que peu importe où la vie pourrait la mener, elle emporterait toujours les souvenirs de son voyage dans son cœur.

Et alors qu'elle franchissait la porte de la maison de son père, les yeux brillants de la lumière de la sagesse nouvellement acquise, elle savait qu'elle n'était plus la même fille qui était partie il y a quelques semaines. Elle était maintenant plus forte, plus sage, et prête à affronter tout ce que l'avenir pourrait lui réserver.

Car demain serait un nouveau jour, et Camille savait qu'elle serait prête pour tout ce qu'il pourrait apporter.

Tomorrow I Will Be Gone

In a sleepy village nestled along the banks of the Seine, there lived a young girl named Camille. She was the daughter of a fisherman, her days spent by the river's edge, watching as her father cast his nets into the shimmering waters.

Camille was a dreamer, with eyes the color of the sky and a heart as vast as the ocean. She spent her days lost in her imagination, weaving stories from the world around her and dreaming of distant lands beyond the horizon.

But as the years passed and Camille grew older, she felt the weight of responsibility pressing down upon her shoulders. With her father growing older and the demands of the village increasing, there was little time for her to indulge in her dreams.

Still, she found solace in the quiet moments she stole for herself—a stolen glance at the stars from her bedroom window, a whispered prayer to the moon as it rose above the river's edge.

One evening, as the sun dipped below the horizon and the first stars appeared in the sky, Camille made a decision that would change the course of her life forever. With a determined glint in her eye, she packed a small bag with a few belongings and slipped out of the house, her heart pounding with anticipation.

As she made her way through the village streets, the night air cool against her skin, Camille felt a sense of freedom wash over her—a freedom born from the knowledge that she was finally taking control of her own destiny.

She had no plan, no destination in mind—only a burning desire to escape the confines of her small village and explore the world beyond. And so, with each step she took, she felt herself drawing closer to the adventure she had always longed for.

Hours passed as Camille walked along the winding roads that led away from the village, her feet carrying her ever onward into the unknown. And then, just as the first light of dawn began to streak across the sky, she saw it—a sprawling city on the horizon, its skyline illuminated by the glow of the rising sun.

With a sense of exhilaration coursing through her veins, Camille quickened her pace, her heart racing with excitement at the prospect of what lay ahead. For the first time in her life, she felt truly alive, as if the world were opening up before her like a vast, uncharted sea.

As she entered the city, its streets bustling with activity and its buildings towering overhead, Camille felt a sense of awe wash over her. Everywhere she looked, there were sights and sounds unlike anything she had ever experienced—brightly colored markets filled with exotic spices and fragrant flowers, bustling cafes where people laughed and talked over steaming cups of coffee, and grand cathedrals that reached towards the heavens like monuments to the divine.

For days, Camille wandered the streets of the city, her senses alive with the vibrancy of life that surrounded her. She made friends with street vendors and artists, poets and musicians, each one adding a new layer to the tapestry of her adventure.

But as the days turned into weeks, Camille began to feel a tug at her heart—a longing for the familiar comforts of home, the gentle lapping of the river against the shore, the soft murmur of her father's voice as he told her stories of the sea.

And so, with a heavy heart, she made the decision to return to her village, knowing that she could never truly leave it behind. For though the world may be vast and wondrous, there was no place like home.

As she journeyed back along the winding roads that led to her village, Camille felt a sense of peace wash over her—a peace born from the knowledge that she had experienced the adventure of a lifetime, and that no matter where life may take her, she would always carry the memories of her journey with her in her heart.

And as she stepped through the door of her father's house, her eyes shining with the light of newfound wisdom, she knew that she was no longer the same girl who had left all those weeks ago. She was stronger now, wiser, and ready to face whatever the future may hold.

For tomorrow was a new day, and Camille knew that she would be ready for whatever it may bring.

Le Rhinocéros a un Rhume

Dans un petit zoo niché au cœur de Paris, vivait un résident plutôt inhabituel - un rhinocéros nommé Roger. Maintenant, Roger n'était pas votre rhinocéros typique. C'était un drôle de type, avec une propension à éternuer aux moments les plus inopportuns.

Un matin ensoleillé, alors que le gardien de zoo, Monsieur Jacques, faisait sa tournée, il remarqua quelque chose d'anormal dans l'enclos de Roger. Le rhinocéros habituellement stoïque reniflait et reniflait, son nez frétillant d'une manière des plus particulières.

"Mon dieu !" s'exclama Monsieur Jacques, se précipitant aux côtés de Roger. "Que se passe-t-il, mon ami ?"

Roger renifla de nouveau, un regard plaintif dans les yeux. "Je... Je pense que j'ai un rhume," avoua-t-il, sa voix étouffée par son nez bouché.

Monsieur Jacques fronça les sourcils, se grattant le menton pensivement. "Un rhume, tu dis ? Mais comment un rhinocéros peut-il attraper un rhume ?"

Roger haussa les épaules impuissant. "Je ne sais pas, mais je me sens terriblement. Mon nez est tout bouché et je ne peux pas arrêter d'éternuer."

Monsieur Jacques hocha la tête avec sympathie. "Eh bien, ne laissons pas un petit rhume te décourager, mon ami. Je vais chercher le vétérinaire tout de suite."

Et sur ces mots, Monsieur Jacques se précipita pour trouver le vétérinaire résident du zoo, le Dr Delacroix. Ensemble, ils examinèrent Roger de la tête aux pieds, prenant sa température et écoutant son cœur avec beaucoup de soin.

"Eh bien, Roger," dit le Dr Delacroix, après avoir terminé son examen, "il semble que tu aies effectivement un rhume. Mais ne crains rien, mon ami.

Avec un peu de repos et beaucoup de liquides, tu te sentiras mieux en un rien de temps."

Roger renifla de nouveau, un faible sourire sur son visage. "Merci, Docteur. Je ferai de mon mieux pour suivre vos conseils."

Et ainsi, Roger passa les jours suivants niché dans son enclos confortable, entouré de couvertures et d'oreillers, tandis qu'il luttait contre son rhume avec force et détermination. Monsieur Jacques et le Dr Delacroix le surveillaient régulièrement, lui apportant de la soupe chaude et des tisanes aux herbes pour apaiser sa gorge et soulager sa congestion.

Mais malgré tous leurs efforts, le rhume de Roger semblait persister obstinément, refusant de partir quoi qu'ils fassent. Et au fil des jours qui passaient, Monsieur Jacques et le Dr Delacroix commencèrent à s'inquiéter.

"Nous avons tout essayé," se lamenta Monsieur Jacques, se tordant les mains de désespoir. "Que pouvons-nous faire de plus pour aider le pauvre Roger ?"

Le Dr Delacroix fronça les sourcils, tapotant son menton du doigt en réfléchissant. "Eh bien, il y a une chose que nous n'avons pas encore essayée," songea-t-il. "Mais c'est une solution plutôt inhabituelle."

Monsieur Jacques se redressa à l'évocation d'une solution. "Peu importe, Docteur ! Nous devons faire tout ce qui est nécessaire pour aider Roger à se sentir mieux."

Et ainsi, le Dr Delacroix se mit au travail, concoctant une potion spéciale à partir des ingrédients les plus rares et les plus exotiques qu'il put trouver - une pincée de corne de licorne pour la chance, une pincée de poussière de fée pour la magie, et une touche de souffle de dragon pour une puissance supplémentaire.

Avec une grande appréhension, Monsieur Jacques et le Dr Delacroix administrèrent la potion à Roger, retenant leur souffle en attendant de voir si elle aurait un quelconque effet. Et à leur grande surprise, c'est le cas.

En quelques instants, le nez bouché de Roger commença à se dégager, et ses éternuements devinrent moins fréquents. À chaque heure qui passait, il devenait plus fort et plus énergique, jusqu'à ce qu'enfin, il retrouve sa forme d'antan - en bonne santé, heureux et plein de vitalité.

"Mon dieu !" s'exclama Monsieur Jacques, essuyant une larme de son œil. "Je n'arrive pas à croire que ça ait marché ! Vous êtes un miracle, Docteur !"

Le Dr Delacroix sourit modestement, ses joues teintées de fierté. "Ce n'était rien, vraiment. Juste une petite potion que j'ai concoctée pendant mon temps libre."

Et ainsi, le rhume de Roger étant vaincu une fois pour toutes, la vie au zoo reprit son cours normal.

The Rhinoceros Has a Cold

In a small zoo nestled in the heart of Paris, there lived a rather unusual resident—a rhinoceros named Roger. Now, Roger was not your typical rhinoceros. He was a rather finicky fellow, with a penchant for sneezing at the most inopportune moments.

One sunny morning, as the zookeeper, Monsieur Jacques, was making his rounds, he noticed something amiss in Roger's enclosure. The usually stoic rhinoceros was sniffling and snuffling, his nose twitching in a most peculiar manner.

"Mon dieu!" exclaimed Monsieur Jacques, rushing to Roger's side. "What seems to be the matter, my friend?"

Roger sniffled again, a mournful look in his eyes. "I... I think I have a cold," he confessed, his voice muffled by his stuffed-up nose.

Monsieur Jacques frowned, stroking his chin thoughtfully. "A cold, you say? But how can a rhinoceros catch a cold?"

Roger shrugged helplessly. "I don't know, but I feel terrible. My nose is all stuffed up, and I can't stop sneezing."

Monsieur Jacques nodded sympathetically. "Well, we mustn't let a little cold get you down, my friend. I'll fetch the vet right away."

And with that, Monsieur Jacques hurried off to find the zoo's resident veterinarian, Dr. Delacroix. Together, they examined Roger from head to toe, taking his temperature and listening to his heartbeat with great care.

"Well, Roger," said Dr. Delacroix, after completing his examination, "it appears you do indeed have a cold. But fear not, my friend. With a little rest and plenty of fluids, you'll be feeling better in no time."

Roger sniffled again, a weak smile on his face. "Thank you, Doctor. I'll do my best to follow your advice."

And so, Roger spent the next few days tucked away in his cozy enclosure, surrounded by blankets and pillows, as he battled his cold with fortitude and determination. Monsieur Jacques and Dr. Delacroix checked on him regularly, bringing him hot soup and herbal teas to soothe his throat and ease his congestion.

But despite their best efforts, Roger's cold seemed to linger stubbornly, refusing to go away no matter what they tried. And as the days turned into weeks, Monsieur Jacques and Dr. Delacroix began to grow concerned.

"We've tried everything," lamented Monsieur Jacques, wringing his hands in despair. "What more can we do to help poor Roger?"

Dr. Delacroix furrowed his brow in thought, tapping his chin with his finger. "Well, there is one thing we haven't tried yet," he mused. "But it's a rather unorthodox solution."

Monsieur Jacques perked up at the mention of a solution. "Anything, Doctor! We must do whatever it takes to help Roger feel better."

And so, Dr. Delacroix set to work, concocting a special potion made from the rarest and most exotic ingredients he could find—a pinch of unicorn horn for luck, a sprinkle of fairy dust for magic, and a dash of dragon's breath for extra potency.

With great trepidation, Monsieur Jacques and Dr. Delacroix administered the potion to Roger, holding their breath as they waited to see if it would have any effect. And to their amazement, it did.

Within moments, Roger's stuffy nose began to clear, and his sneezing fits grew less frequent. With each passing hour, he grew stronger and more energetic, until finally, he was back to his old self again—healthy, happy, and full of vim and vigor.

"Mon dieu!" exclaimed Monsieur Jacques, wiping a tear from his eye. "I can't believe it worked! You're a miracle worker, Doctor!"

Dr. Delacroix smiled modestly, his cheeks tinged with pride. "It was nothing, really. Just a little potion I whipped up in my spare time."

And so, with Roger's cold vanquished once and for all, life at the zoo returned to normal.

Un Homme et un Chien

Dans un charmant village niché au cœur de la pittoresque campagne française, vivait un homme nommé Jacques. Jacques était une âme au cœur tendre avec un sourire doux et une lueur dans les yeux. Il passait ses journées à s'occuper de sa modeste ferme, cultivant des légumes et prenant soin des poules qui se promenaient librement dans sa cour.

Mais Jacques n'était pas seul dans sa ferme. Il avait un fidèle compagnon - un chien loyal nommé Gaston. Gaston était un bâtard ébouriffé avec des oreilles tombantes et une queue qui remuait, son pelage étant une mosaïque de couleurs qui semblait scintiller au soleil.

Jacques et Gaston étaient inséparables, partageant un lien qui allait au-delà des mots. Ils passaient leurs journées à errer dans la campagne ensemble, explorant les prairies et les forêts qui entouraient leur village, leur rire résonnant à travers les arbres comme une mélodie.

Un matin ensoleillé, alors que Jacques et Gaston partaient pour leur promenade quotidienne, ils tombèrent sur une vue curieuse - un chaton errant, miaulant pitoyablement près de la route. La pauvre créature était maigre et échevelée, son pelage emmêlé et sale.

Jacques s'agenouilla près du chaton, son cœur allant à la minuscule créature. "Eh bien, bonjour, petit," dit-il doucement, tendant la main pour caresser son pelage. "Que fais-tu tout seul ici ?"

Le chaton miaula de nouveau, les yeux grands ouverts de peur. Jacques pouvait voir qu'il avait faim et peur, et il savait qu'il ne pouvait pas le laisser se débrouiller seul.

Sans hésitation, Jacques prit le chaton dans ses bras et le serra contre sa poitrine. "Viens maintenant, petit," dit-il apaisamment. "Tu seras en sécurité avec nous."

Et ainsi, avec le chaton niché dans ses bras et Gaston trotinant fidèlement à ses côtés, Jacques continua son chemin, son cœur rempli de compassion pour la minuscule créature qu'il avait sauvée.

Alors qu'ils retournaient à la ferme, Jacques présenta le chaton à Gaston, qui le renifla curieusement avant de lui donner un signe d'approbation de sa queue. À partir de ce moment-là, ils étaient inséparables, un trio de compagnons improbables liés par les liens de l'amitié et de l'amour.

De retour à la ferme, Jacques entreprit de prendre soin du chaton, lui donnant du lait chaud et lui préparant un lit douillet où dormir. Gaston veillait sur le nouveau venu d'un œil protecteur, ne s'éloignant jamais trop de son côté.

Les jours se transformèrent en semaines, et le chaton - que Jacques avait nommé Colette - se transforma en un compagnon joueur et affectueux. Elle gambadait dans la ferme, pourchassant des souris imaginaires et frappant des plumes qui flottaient dans l'air.

Et Gaston, toujours le patient grand frère, veillait sur elle d'un œil attentif, sa présence douce étant une source de réconfort et de sécurité.

Au fil des années, Jacques, Gaston et Colette devinrent un spectacle familier dans le village - un trio d'amis toujours ensemble, qu'il pleuve ou qu'il vente. Ils se promenaient dans les rues, s'arrêtant pour saluer leurs voisins et partager des histoires de leurs aventures dans la campagne.

Mais un jour, la tragédie frappa - le village fut frappé par une terrible tempête, comme on n'en avait pas vu depuis des années. Le vent hurlait et la pluie tombait à torrents, inondant les rues et menaçant d'emporter tout sur son passage.

Dans le chaos de la tempête, Jacques fut séparé de Gaston et de Colette, son cœur battant de peur alors qu'il cherchait frénétiquement ses compagnons bien-aimés. Mais malgré tous ses efforts, il ne put trouver aucun signe d'eux parmi les décombres et les débris.

Pendant des jours, Jacques chercha sans relâche Gaston et Colette, son cœur lourd de chagrin. Il demanda à tous ceux qu'il rencontra s'ils les avaient vus, mais personne n'avait de nouvelles à partager.

Et puis, juste au moment où tout semblait perdu, une figure familière apparut au loin - un bâtard ébouriffé avec des oreilles tombantes et une queue qui remuait, suivi de près par un petit chaton au pelage emmêlé.

Les larmes de joie coulant sur ses joues, Jacques se précipita pour les saluer, son cœur débordant de gratitude pour leur retour en sécurité.

"Oh, Gaston ! Colette ! Je pensais vous avoir perdus pour toujours," s'exclama-t-il, les prenant dans ses bras et les serrant contre lui. "Merci d'être revenus vers moi."

Et tandis que le soleil perçait les nuages et baignait le village de sa lumière dorée, Jacques, Gaston et Colette se tenaient ensemble, leur lien plus fort que jamais - un homme et son chien, et un petit chaton qui avait trouvé sa place dans le monde.

A Man and a Dog

In a quaint village nestled in the picturesque French countryside, there lived a man named Jacques. Jacques was a kind-hearted soul with a gentle smile and a twinkle in his eye. He spent his days tending to his modest farm, cultivating vegetables and tending to the chickens that roamed freely in his yard.

But Jacques was not alone in his farmhouse. He had a faithful companion—a loyal dog named Gaston. Gaston was a scruffy mutt with floppy ears and a wagging tail, his fur a patchwork of colors that seemed to shimmer in the sunlight.

Jacques and Gaston were inseparable, sharing a bond that went beyond words. They would spend their days wandering the countryside together, exploring the meadows and forests that surrounded their village, their laughter echoing through the trees like a melody.

One sunny morning, as Jacques and Gaston set out on their daily stroll, they stumbled upon a curious sight—a stray kitten, mewling pitifully beside the road. The poor creature was thin and bedraggled, its fur matted and dirty.

Jacques knelt down beside the kitten, his heart going out to the tiny creature. "Well, hello there, little one," he said gently, reaching out to stroke its fur. "What are you doing all alone out here?"

The kitten mewed again, its eyes wide with fear. Jacques could see that it was hungry and scared, and he knew that he couldn't leave it to fend for itself.

Without hesitation, Jacques scooped up the kitten in his arms and cradled it against his chest. "Come along now, little one," he said soothingly. "You'll be safe with us."

And so, with the kitten nestled in his arms and Gaston trotting faithfully by his side, Jacques continued on his way, his heart filled with compassion for the tiny creature he had rescued.

As they made their way back to the farmhouse, Jacques introduced the kitten to Gaston, who sniffed it curiously before giving it an approving wag of his tail. From that moment on, the three of them were inseparable, a trio of unlikely companions bound together by the bonds of friendship and love.

Back at the farmhouse, Jacques set about caring for the kitten, feeding it warm milk and giving it a cozy bed to sleep in. Gaston watched over the newcomer with a protective eye, never straying far from its side.

Days turned into weeks, and the kitten—whom Jacques had named Colette—blossomed into a playful and affectionate companion. She would scamper through the farmhouse, chasing after imaginary mice and batting at stray feathers that floated in the air.

And Gaston, ever the patient older brother, would watch over her with a watchful eye, his gentle presence a source of comfort and security.

As the years passed, Jacques, Gaston, and Colette became a familiar sight in the village—a trio of friends who were always together, come rain or shine. They would stroll through the streets, stopping to greet their neighbors and share stories of their adventures in the countryside.

But one day, tragedy struck—the village was hit by a terrible storm, the likes of which had not been seen in years. The wind howled and the rain poured down in torrents, flooding the streets and threatening to wash away everything in its path.

In the chaos of the storm, Jacques became separated from Gaston and Colette, his heart pounding with fear as he searched frantically for his beloved companions. But try as he might, he could find no sign of them amidst the wreckage and debris.

For days, Jacques searched tirelessly for Gaston and Colette, his heart heavy with grief. He asked everyone he met if they had seen them, but no one had any news to share.

And then, just when all hope seemed lost, a familiar figure appeared in the distance—a scruffy mutt with floppy ears and a wagging tail, followed closely by a tiny kitten with matted fur.

With tears of joy streaming down his cheeks, Jacques rushed forward to greet them, his heart overflowing with gratitude for their safe return.

"Oh, Gaston! Colette! I thought I had lost you forever," he exclaimed, scooping them up in his arms and holding them close. "Thank you for coming back to me."

And as the sun broke through the clouds and bathed the village in its golden light, Jacques, Gaston, and Colette stood together, their bond stronger than ever—a man and his dog, and a little kitten who had found her place in the world.